지구에 붙은 컵은
책상 위에서 떨어지지 않아

김정희

시집 『벽이 먹어 버린 사내』 『지구에 붙은 컵은 책상 위에서 떨어지지 않아』를 썼다.

파란시선 0160 지구에 붙은 컵은 책상 위에서 떨어지지 않아

1판 1쇄 펴낸날 2025년 6월 30일
지은이 김정희
인쇄인 (주)두경 정지오
디자인 이다경
펴낸이 채상우
펴낸곳 (주)함께하는출판그룹파란
등록번호 제2015-000068호
등록일자 2015년 9월 15일
주소 (10387) 경기도 고양시 일산서구 중앙로 1455 대우시티프라자 B1 202-1호
전화 031-919-4288
팩스 031-919-4287
모바일팩스 0504-441-3439
이메일 bookparan2015@hanmail.net

ⓒ김정희, 2025, printed in Seoul, Korea

ISBN 979-11-94799-05-4 03810

값 12,000원

*이 책 내용의 전부 또는 일부를 재사용하려면 반드시 저작권자와 (주)함께하는출판그룹파란 양측의 동의를 받아야 합니다.
*잘못된 책은 바꾸어 드립니다.
*지은이와의 협의 하에 인지는 생략합니다.
*이 책은 2025년 부산광역시, 부산문화재단 〈부산문화예술지원사업〉으로 지원을 받았습니다.

지구에 붙은 컵은
책상 위에서 떨어지지 않아

김정희 시집

시인의 말

아직 사라지는 중

차례

시인의 말

제1부
혀 아래 정원 - 11
나의 낙원 - 12
닿지 않을 안개 나라 - 14
사라진 파도를 어디에서 찾을까 - 16
다가온 환영 - 18
떨리는 창문 - 20
컴팩트 - 21
리셋버튼을 누르면 - 22
물의 궁전 - 24
가시의 떨림 속 겨울이 부서지고 - 26
빈 얼굴에 가득한 돌멩이 - 27
점자책을 읽는 사내 - 28
플라스틱 정원의 지형도 - 30

제2부
접착 신드롬 - 35
깊숙한 방 - 36
지구에 붙은 컵은 책상 위에서 떨어지지 않아 - 38
인형 뽑기에서 건져 올린 네 얼굴 - 40
같은 얼굴 보이는 여기에 - 42
신호등 - 44
탄피 - 46
새파란 행성이 지구와 충돌하여 - 48

숨 비늘 - 50
만지작만지작 - 51
물결 경전을 읽는다 - 52
주전자 연기에서 나오는 말들이 - 54
꽃 피는 밥 - 56
박힌 구름 - 58
이불 속 바다는 물결치고 - 60

제3부

왕관을 위한 두 손 배롱나무 - 65
비밀의 입구는 출구입니다 - 66
잠든 나무 깨어나서 - 68
닳은 말 - 69
실을 타고, 처방전 - 70
댄스 댄스 댄스 - 72
칼날에 붙은 새순이 자라는 중 - 74
웃자, 날개가 돋았어 - 76
잠수함의 낮 시간 - 78
해당화 바람이 되다 - 80
꽃은 강철이 된다 - 82
정주 증명서 - 84
차가운 음식 속 부서지지 않는 뼈가 있어 - 86

제4부

떠다니는 섬이 실종되어 - 91
죽어 가는 신이 다시 죽으려 왕림하고 - 92

발톱이 돋고 날개가 돋아 - 94
등 뒤의 빈 곳 - 96
냉동된 봄날의 점프 - 98
빛나는 어둠 - 100
뭄베이 호텔 - 102
사냥꾼의 마지막 주문 - 103
무릎에서 딴 물든 사과 - 104
마조렐 블루, 서쪽으로 돌리는 얼굴 - 106
냉장고 문을 열면 꽃밭이 - 108
돌아가는 팔찌 - 109

해설
구모룡 애도의 시 쓰기 - 110

제1부

혀 아래 정원

발아하지 못한 씨앗이 입안을 뚫고 뿌리를 내린다

삼켜지지 않는 말들은 유령으로 자라
꿈으로 부유한다
입속에서도 쉼 없이 흔들리는

미로에 얽혀 가는 말들
출구 없는 정원에서 눈 감는 밤

삼키지 못한 말들이 군화 발자국처럼 행진하고
잠들지 못하는 소리

끝없는 장례 행렬 혀 아래 정원은 무덤을 쌓는다

나의 낙원

一 사람이 떠난 히말라야

   눈사태 속 미세한 발자국이
   잊힌 것들과 함께 떠돈다

   이곳에선 양철 지붕이 돌멩이로 변해
   찢어진 장판 사이로 성에가 얼어붙는다
   펄럭이는 커튼, 차가운 바람
   손을 뻗어도 닿지 않는 희미한 경계까지 스민다

   목불이 세든 폐가
   살굿빛 햇살
   차가운 벽지에 온기를 퍼뜨린다

   새로운 길을 보일 때가 온 것이다
   산이 빛난다 물빛으로

   얼어서 빛나는 산
二 히말라야의 독백은
   벽지에 고인 구름 속으로 잠기고

숨 쉬는 틈새
빛 끝으로 걸어간다

닿지 않을 안개 나라

一 보이지 않는 전언만 있을 뿐
긴 뱃길에 가슴이 비워진다

얼마간 삶을 덜어 내려 하지만
허락되지 않는 승선

영원히 닿지 않을 곳의 닻은 흔들리고
항로 끊긴 매표소에 출렁이는 파도들

조류가 만든 시간의 몸은 언제 열어 보일까

암초와 너울성 파도가 속삭이는 이야기는
부드러운 물결로 되돌아가
재활 지도를 그리는 질긴 안개

혼자 타오르는 노을에
입출항의 규율을 심고

자애로운 해무
二 들락거리는 바람이 승선표를 터치하자

멀어지는 해안선
용서하는 일상을 증인으로 세워
안개 품에 잠드는 바다의 별이 된다

물결과 물결 사이
해풍의 수없는 손은 상처를 매만져

안개 속 찢어진 눈은 모두가 주인이다

사라진 파도를 어디에서 찾을까

一 기록하지 말라 사라지는 것만 남을 것이니 남을 것을 걱정하지 말라 죽은 자 곁에 없으니

바람도 안개도 떠날 것이고 물거품은 모래밭에 글자를 쓰고 가져가 버린다
영원한 적 없는 우리 껍질을 안고 살다 밀려갔다 밀려온다

자갈은 발아래서 구르고 파도가 남긴 예지를 본다 하여도
비늘 수까지 헤아리는 물결 눈동자는 희미한 태양을 삼킨 후 떠다니는 루머가 될 뿐

구름을 보내고 해안선의 경계를 교정하는 파도 바다 위 수상한 달빛은 부서진 이에게 스며

어디로 갔을까 사라지는 파도 소리를 죽이고도 북해로 가지 않고
가난한 윤슬 가져와 방 안 가득 뿌린다 반짝이는 파도의 숨결은 살아 있는 듯 나직하게 속삭이지만

二 파도의 말 헤아려 저장할 수 없어 소리와 무늬는 다시 흐

르고 끝내 찾을 수 없는 흔적이 되살아날 뿐

다가온 환영

一
　무덤 위 무덤
　흔적과 흔적이 만나
　공기로 물들어 가는 과거들이
　겹치는 지금

　뼈들이 무덤에서 산화하고
　흠모 없는 시간은 견딜 수 없어
　흩어지는 밤의 일부

　구름 지나 꽃 피고
　바람길에 번진 울음
　물결치며 물러난 파도는
　허무한 그림자를 물어

　손톱에서 물드는 달
　아침이 오면
　눅눅한 밤 그림자 떠나보내고
　겹쳐진 이름이
　가로등 켜진 방 구석 자리로 몰려든다
一

너의 이야기로 시작한 나의 침묵
기다리며 물드는 시간
불친절한 상상이 전쟁으로 나간다
세찬 물결 앞에 서서
부스러기 말들 주워 담고

기다리는 것들의 발랄한 웃음
결산되지 않는 미래가 밀려드는
보조개 속 떠도는

떨리는 창문

살아 있어, 떨고 있다는 것을 기억하고 받아들여야 한다
겨울 나뭇가지도

얼음 결처럼 창에 앉은 먼지 입자 금빛으로 흩어지고

들리지 않는 속삭임으로 기울며 동쪽을 향한 고갯짓

누구도 보지 못할 사랑을 새긴다

주술일까
사람을 기억하는 마법, 언젠가 백조의 날개를 달겠지

작은 비밀 파동은 하늘 스치는 우리 곁에 머물 뿐

떨어진 꽃잎 여전히 푸르고 벽은 침묵 중
숨 쉬는 사랑 창틀에 고인다

컴팩트

다른 얼굴에도
빗물과 태양 서늘한 오후의 기운을 스며들게 할 수 있어
삶의 기술은
흩어진 조각들을 품고 스스로 조립하는 것
조각들 속에서 자리를 찾아가는 것
형체는 사라지고 남은 흔적
먼지 속 은빛으로 빛나니

시작이 곧 마침표야

우리 시간은
잔해 속으로 스며들어 새롭게 반죽되는 과정
시간 지나 모래 결에 스며든 조각들이 서로를 기억하는 몸

영원을 산다는 것은
흩어진 조각을 품고
이어 가는 일

리셋버튼을 누르면

― 언제가 시작인지 끝인지
　　반복되는 장면들
　　우연이 끼어들 자리는 없어
　　나는 어디에 있을까

　　다른 장면이 시작될 때마다 없어지는 나
　　리듬을 찾으려 했지만
　　어긋나는 박자
　　반복되는 장면들

　　탄생은 이렇게 결정되는 것일까
　　시작은 가끔 같아 보여
　　노래가 흐를 때도
　　당신이 나타날 때도

　　잘린 꽃들을 꽃병 속에 꽂으면
　　봄이 시작될까
　　뜨거운 바람 속 흔들리는 꽃잎
　　몸부림치다 희미해진다

―

오래된 탄생은 새로운 끝에서 움트고
끝난 것들은 시작 자리를 잉태한다

물의 궁전

― 집 안으로 들어서자 발끝이 찰박거린다 젖은 수건 문턱을 휘감고 올라와
 그릇 속 갈색 찌꺼기를 노려보며 바닥에 웅크린다

 가스관, 푸른 기운으로 팽팽하게 버티고 달력 기호들 서로 뒤엉켜 곰팡이로 터진다
 거실은 무너지지 않는 궁전이 되었고 책상 위 영수증은 끝을 맞대며 날 선 칼을 찬
 무사 자세로 저항한다

 젖은 발자국, 울먹이는 욕실과 방을 떠돌아 이름 없는 누군가를 찾는 궁전 주인
 거울 속 습기, 희미한 윤곽 남기며 지원군을 기다리지만
 컴퓨터에 쓰다 만 잠든 문장은 독버섯으로 자라 화면 속 어둠을 채운다

 언젠가 이 문이 열릴 때 모든 것이 여물었지만 출렁이는 어깨에 닿아 두자 오늘도

― 균열이 살갗을 뚫어 내면을 비추던 날 벽은 흘러 얼굴을

빚고 두 손 모아 빛을 품던 물 장막을 걷어 무지개를 만든다

가시의 떨림 속 겨울이 부서지고

　믿기 힘든 나날들 갑골문엔 어떤 예언이 적혀 있을까 실처럼 얇은 가시를 발라 내일을 보려 허공에 비추자 가시 끝 번지는 흐릿한 형상 따뜻한 커피잔을 엎어 미래를 펼쳐볼까 손길 닿는 내일은 어디로 도착할까 젓가락 끝에 걸린 가시 속 꽃은 지고 적막한 바람이 어깨를 비틀거린다

　잊은 기억을 들춰내는 건 스스로의 배신 해 질 녘 그림자처럼 누웠다 균일한 높이로 쌓인 시간 뭉치 자갈이 눈앞을 스친다 파도가 몰아친 후 남은 것은 얇고 물컹한 물거품 심해가 아닌 얕은 물결 속 전어 가시가 가냘프게 떨리는 까닭 가장 뜨거운 바다 숨결에서 낮은 깊이로 사는 전어

　그림자 몸을 태우는 바람이
　고요의 지평으로 밀어낸다 가시를 품고서

빈 얼굴에 가득한 돌멩이

  네 얼굴 보는 게 죄가 될까

  얼어붙은 심장을 되살리기 위해 너의 창문을 하늘로 열었지

  강 표지가 얼어붙은 길에 망설인다
  대기 중이다
  눈 감고 머릿속 소용돌이에 휘말린 것 아직 로그아웃이 아니야

  기다려 봐 빈 병은 쉽게 깨질 수 있어

  마주한 얼굴의 깊은 죄 붙잡을 수만 있다면 알아들을 수만 있다면

  가자 다시 얼굴을 볼 수 있게 내 손을 잡아 숨을 쉬자
  구멍 난 얼굴이 메워진다

점자책을 읽는 사내

一
　수락을 기다리는 프로필 위에
　마침표 찍은 새들이
　불타는 땅으로 날아가 버린다

　출근 시간을 잃어버린 사내
　셀 수 없는 머리카락이
　바람 속 억새로 흩어진다
　빗질을 한 걸까
　숲은 기다림의 방향에서부터
　서서히 젖어

　쪼그리고 앉아
　문자를 기다린다
　사라져 가는 방울들
　눈망울 속 행성을 만들고
　점자로 떨어지는 빗방울
　예언처럼 그에게 말을 거는 언어들

　묵독한다 물 위에 떠 있는 글자들
二　오늘 하루는

도착하지 않는
메시지를 기다리며

비릿한 향기가 붕대로 감겨 숨을 옭아매고
던져졌던 시간이 몸을 묶어 자리를 튼다

타지도 꺼지지도 않은 담뱃불
언젠가 손에 불빛이 보일 테지
그가 보낸 말들이

플라스틱 정원의 지형도

一
찔레꽃 사이로 희미한 빗소리가 벽을 두드린다
천둥과 번개 바람을 타고 머리 위로 터져
어둠 속 뿌리 길을 내어 스민다

길 잃은 모퉁이
무덤으로 자라는 블록 틈의 잿빛 풀들
사막 꽃 숨죽여
바람을 조용히 마신다

흩어진 낙원의 잔해
시든 잎 바람에 흩날려

녹슨 덩굴 이끼 핀 벽돌을 감싸
길은 빗금으로 그린다

무너지는 정원
계절의 판 위 재생의 파도가 몰아친다
조립될 꽃들이 흔들린다

二
플라스틱 그림자의 손끝에서

떨리는 빛이 단단한 꽃잎을 연다

제2부

접착 신드롬

 고사리와 스킨답서스가 여기 살아요 햇살을 거부한 창문에 비가 피하러 들어오는 어둠만 허락해요

 한식이 지나도 종아리가 얼얼해져요 쥐가 난 듯 무겁게 굳어도 마음의 추위라 하네요 열대 바람이라도 불어온다면 눈망울은 땅속으로 향하겠죠

 기댈 곳 없는 눈빛과 말들 형광등 아래 굳어진 목소리 차가워 흘러내리지도 못한 얼음이

 노크하지 말고 들어오세요 기다려요 문은 열어 뒀어요

 뼈와 근육이 붙는 증세 움직일 때마다 근육이 붙어 터널을 지나도 끝없는 어둠이 이어져 끝은 알 수 없어요

 사무실을 옮기고 싶지 않아요 끈적거리는 몸처럼 이곳에 단단히 붙은 담쟁이가 되었어요

깊숙한 방

一   잘 지내야 하지만 물과 기름은 떠돌아
    등을 대면 불이 나
    불가항력의 위험은 확실한 예감이 되지

    사는 건 외톨이
    혼자 살면 안 된다고 말하지
    파도가 밀어내는 모래는 홀로 남아

    한 알의 모래가 방을 무너뜨리고
    신 포도로 치부한 약한 동물로 살아갈 수밖에
    도전을 피한 채
    안전을 향한 거부의 힘만 남는다
    신발 속 모래로 발걸음을 막아서는 작고 단단한 심장

    초대받지 않은 손님으로 찾아온 모래
    털어도 사라지지 않아 손가락 끝으로 더듬어
    깊숙한 곳, 아무도 없는 방에 너는 있었고
    나와는 멀리 떨어져 있었다

二   동네 어귀 길목을 잊지 못하는 개

한 알 울음으로 남아
댐을 부수는 폭우
물방울 가득한 세계를 뒤엎는 소리

깊숙한 방의 어둠, 해일로 밀려와
알갱이는
출구 없는 방에서
아래로
더 아래로

지구에 붙은 컵은 책상 위에서 떨어지지 않아

一 너의 거짓말을 사랑한 것은 나의
거짓말을 입속으로 수장하기 때문이야

자신을 이해하려 달에 간 사람
수용을 위해 가난한 가슴을 견뎠고

로켓보다 빠른 마하의 시간
달은 지구로 떨어지지 않고
너에게서 떨어지지 않는 나처럼

아버지 호령은 뜨거운 지옥 불이 되고
어머니의 두려움은
그릇들을 얼어붙게 했어

집은 작을수록 노래는 커졌고
합창 대회, 아픈 잇몸은 곪아
몸속 서랍엔 고름이 넘쳐

컵이 미끄러져도
— 책상 위에선 떨어지지 않고

지구의 심장 아래로 가라앉을 거야

인형 뽑기에서 건져 올린 네 얼굴

一   별다른 수정 사항은 없어

  내 것은 아니지만 통 속 인형 다 가질 수 있어
  하나만 내 것이 되기도 해
  아무것도 못 가질 수 있어

  기억해야 해 뽑으려면
  나의 눈을 데리고 가는 손

  추방자는 집게에 걸려
  자꾸 떨어질 즈음
  파르티잔 눈빛이 다가와
  하루는 박스가 돼 버려

  헛것으로 들리는 명령
  안부 없는 문안
  인형이 가득해
  내 것은 아니야

二   동전을 넣어

지독한 싸움
수정액을 뿌리고 싶은데
인형이 사라져

같은 얼굴 보이는 여기에

아이는 익어 가는 중이다
시간 상품을 선택해야 하지만
얼굴은 팔지 않겠다고

한국 부모님 밑에서, 뉴욕에서 태어났어요
한국어는 식사할 때만 쓰죠
잘 알지 못하지만 말은 할 수 있었어요
불량한 친구들도 그때 만났죠

아무도 눈치채지 못했는데
어떻게 알았어요
괜찮아요
혼자 자라면
못할 게 없거든요

뉴욕에서는 하늘이 높았고
한국에서는 그늘이 깊어요

바람은 연기처럼 가벼웠어요
돈이 이파리처럼 흩어져

돈나무가 되는 줄 알았어요
다 그렇게 사는 줄 알았어요

만국 공통어라고도 하죠
그래서 수학을 선택했어요

돈이 나무를 무성하게 만들어
그늘이 생겨요 그러다
한국에 왔어요
비슷한 얼굴들
거울처럼 비추는 눈빛이
나를 바라보는 것 같아요

익숙한 얼굴이 핀 정원
그늘을 먹고 뿌리내리며
태어나는 거죠

신호등

쉽게 사라지지 않아요
깜박임 속 낯선 기척이
신호등에 배어나는 글자들

잠든 글자들 하루에 한 번 풀려나
질문 속에서 숨 쉬고
뇌리에 새기면 잿빛 바람 형태까지 삼켜요

이제 보내도 될까요?
틈새로 흘러내린 글자는 어디로 가나요

견디면 답이 올까요
메마른 잔가지에 새순이 돋아날 거예요

철길 위에 흩어진 글자들
기차가 지나간 후 주운 글자 조각들
비밀의 방이 열려요

어둠 속 벌어진 틈새
부서진 글자들의 담장

이어지는 신호로 문을 열어요
아침은 새 모이만큼 작은 씨앗을 가져다줘요
신호예요
흰 바다 머리끝에서 넘실거리는
다른 색이 깜박거려요

탄피

하늘에 박힌 총알 하나
별 사이를 뚫고 떨어진 약속의 파편

가끔 흔들려
빈 땅에 도착해 철컥거리다
금속 비명을 낸다

누가 걸쇠를 걸었을까
동그랗고 노란 총알
차가운 숨결 속
장전되는 총구

명중이어야 해
숨을 멈추고 기다리는 순간
방아쇠를 당긴다
탕!
떨어지는 탄피

몇억 광년의 빛
나를 뚫고

빛을 삼킨 어둠 속
너는 빛을 꿰뚫는다

새파란 행성이 지구와 충돌하여

一
모조품에서 장승까지 진열한 컨테이너
눈빛 레이저를 발산하는 남자가 있다
하늘의 경계에 사는 사람 물끄러미
개에게
네모 세상을 관통하는 말을 뱉는다

"행복하구나"

"부끄러움으로 토굴에 가서 살고 싶다"
얼굴을 붉히는 그는 무엇이 부끄러웠을까

여행은
돌아올 곳에서 떠나는 법
지구를 담은 깡통에 담뱃불을 털고
사소한 별이 달려오는 밤
헛헛한 웃음이 하늘에 대롱대롱 매달린다

짐승처럼 이름을 벗고 살다
아버지의 유언으로 직장을 가졌고
二 "아직은 잘 모르겠다"는

오십을 넘긴 남자

깃털을 단 인디언 추장이 앉은 오토바이
바퀴에 발을 얹으면 완성되는 그림
시동 걸 엔진은 죽었고
우주 사막의 생명체로 남은 심장 하나가 시동을 건다

"내가 사라지면 외계인이 찾아올 거야"
숭숭 구멍 난 옷이 뱃속으로 빨려 간다

외계인의 도착을 알리는 별 하나 컨테이너에 닿으니
오늘 긴꼬리 유성이 춤추며 땅으로 박힌다

정상품이죠

숨 비늘

이 세상 알레르기는
엘레지를 부르며 산다

아이는 방에서 이상한 냄새가 난다고
햄스터가 도망간 후 보이지 않아도
오래전 벌어진 일인 것을
가구를 뒤집어 봐도 주검은 보이지 않고

여자의 일생을 불러 달라는
노래보다 슬픈 남자

알레르기가 심한 아이
고양이 알레르기까지
낯선 도시에 가면 알레르기에 갇히는 아이

노래를 부르면 조금 나아진다고
흥얼거리는 엘레지
꽉 찬 음률은 전신 숨구멍으로 스며
슬픈 알레르기처럼 몸을 적신다

만지작만지작

 용서, 참 시시하지 않나요 자주 하진 않아도 자주 해도 괜찮아요 바다 위, 흩어진 일상을 떠나려 합니다 신선한 바람은 얼마나 울어야 소금기가 마를까요

 파도가 밀려와 달려가야 해요 그런데 어디서 짠 내음이 나요 바닷가에 흩어진 해초 위 분홍 소금만 남아 덜 마른 몸 구겨서 집으로 갑니다

물결 경전을 읽는다

一 　푸름의 탄생은 바다 아래 어둠에서 시작되었고

　먹구름이 신전 벽을 무너뜨려도
　바다, 끝없는 물결에 예언을 새겨 경전을 완성한다

　살 베어 낸 자리
　독송으로 찢어진 상처를 메운다
　바다 뼈 사이 파도가 써 내려가는
　서러움은 창살 속 모래로 흐르고 바람에 흩어져
　틈마다 경구를 쓰는 파도

　갇혀 있던 말이 바위에 부딪혀
　거품 속 진언으로 깨어난다
　물결이 뱉는 말
　사는 것이 진리라고

　주술은 끊어지지 않고
　미완성의 침묵 속 경전의 영원한 속삭임

二 　행성은 무한한 질서

금은 서서히 아물고
살을 가르는 치유법이 휘어진 등을 편다

들숨과 날숨 경계는 부서지고
파도 속 윤슬이
슬픔에 굽은 허리가 물결을 타며 서서히 펴지고
바다, 기다리던 태양의 약속이 이뤄진다

주전자 연기에서 나오는 말들이

一
수많은 추궁으로도 열지 못한
철보다 강한 입술은 속절없이 닫혔다
고장 난 수도꼭지처럼 열리지 않고
오래된 나사는 분해되었다

머리 위를 맴도는 먼지구름
턱턱 막힌 숨결 속 흔적들

기다리지만 어스름이 속삭인다
아침은 오지 않는다고

어둠의 문을 열려면 늑골을 따라
얼어붙은 눈물샘을 깨뜨려야 해
사라지는 연기 속
하얀 눈은 말의 잔해
연기는 제단에 올리는 향
하늘을 채운다

다른 해가 떠오른다
二 물방울 속에 퍼지는 빛살처럼

말들 사이에 흐르는 침묵의 경전

기포는 피어
말씀을 방 안 가득 뿌린다
새벽이 온다

꽃 피는 밥

一
한 잎이라도 흩어진 꽃잎이라도 보고 싶어요
따르는 동생은 잘 돌봐줘야 한다는 약속은 지켰는데
하교 후 동생은 서둘러 저를 안아요

아무것도 할 수 없다며 담배 연기를 삼켰다 뱉었다 하는 아버지
나도 흰 연기로 사라질 것 같아요
동생을 만나는 건 두렵지 않지만
선생님도 같이 간다면 동생을 볼 수 있을 것 같아요

밥 앞에서 입을 닫았던 아이
썩어 가는 밥 위에 꽃잎 하나를 얹고 싶어 했던
찬마다 밥마다 피는 꽃
사라지지 않는 꽃들 조화이기를 바랄 뿐이라고
죽지 않는 꽃
꽃 없는 밥은 씹을 때마다 앞이 흐려지는 밥이었지

터미널에서 먹는 밥
먼지가 밥 위를 차지하고
떠나는 사람들의 발소리가 그릇을 울렸어

모르던 형아들이 꽃 없는 밥을 줘요
한 입마다 떠나지 못한 향기가 묻었지

숱한 꽃들이 머릿속에서 터지듯 피었죠
사라지지 않는 향 끈적끈적한 기억으로 감도는 향기
그런 밥을 안 먹었다면 머릿속 꽃들은 피지 않았겠죠

집으로 가자는 사람은 없어요
여긴 꽃이 피지 않아 좋아요
또래보다 작은 아이 웃음은 깨어진 유리

넌 여기로도 집으로도 오지 않고
발밑에서 하늘 끝까지 이어진 빛으로 날아갔지
조팝꽃들이 하얗게 피어
네가 돌아오지 않는 날들을 덮었어

박힌 구름

―
주인이 되어야죠
철창 속 불안은 업그레이드돼요
잘하고 오지 그랬어

관심을 가진 적 없지만 엄마가 아파요
다퉜던 애인이 슬퍼해요 혼자 지킬 수 없다고
아빠는 모른 척하고 살아 무서워해요 떠나는 것을
아직 믿지 못해요 이렇게 한숨 뱉는 것을

아무것도 하지 않고
밤을 이겨 내기 위한 소리는 잊어버리고
혼자 살아 이가 빠져도 살 수 있겠죠
상상은 금물 앞만 보셔야 해요

안부가 궁금하면 바람을 기다려 보세요
안 돼요 아무 말 못 해요 선택한 입영인걸
여기에서 무슨 소용이 있을까요
얼굴을 봐야 해요
하늘에 얼굴을 그려 봐요

―

살아 있는지 보여 줘야 해요
이상한 말만 튀어나와요
나가야 해요

나가면 잘될 거예요
짐승이 되기 전에 나는 문을 열고 말 거예요

이불 속 바다는 물결치고

  밤은 내내 꿈을 토하며 뒤척인다

  〈안개 속 대기〉 표지는 상어 이빨에 찢기고 바다 그 틈새로 닿지 못할 미래를 삼킬 듯 혀를 내민다
  요동치며 기울어지는 바다 파도가 깊은 찌꺼기를 끄집어내어 소용돌이가 몸부림친다 불행은 갇힌 파도의 꿈속에서 자라나고

  일렁이는 잠결 조각달을 매단 뱃길은 부서진 파도 뒤를 따른다 물결의 비린 상처 소라의 숨결로 들락거리고 파도가 숨을 고르는 사이 고동 소리 귓가를 맴돌 때

  모항 곶은 어디 있을까

  끝나지 않는 꿈길에서 레이스 이불이 감싸안는다 휘청거리는 뱃길이 이불 속에서 미끄러지듯 떠나지만 두 발 잡은 너울 파도는 끝없이 휘몰아친다

  잠들지 못한 바다가 너울진 날개로 발목을 감으며 바다는 귓가에 잔물결을 남기고 닿을 수 없는 세계를 속삭인다

하늘로 날아갈까

제3부

왕관을 위한 두 손 배롱나무

 햇빛 아래 비틀어진 근육을 빌려 왕관을 만든다 개와 늑대의 경계를 아는 자
 잡힌 손끝은 뜨겁고 입술에 남은 유혹은 사라져 약속은 재가 되어 떠난다 떨어진 왕관은 권좌를 벗어난 채 자취만 남았다

 배롱나무 아래 누군가는 잃어버린 시간을 붙잡으려 손을 뻗지만
 뒤늦은 몸짓들 바람결에 먼지처럼 흩어져 그림자로 지워진다

 사라지는 것은 시작하는 것이다

비밀의 입구는 출구입니다

一

　파국은 고요히 찾아오고 그 집을 찾으러 갈 때 두려움은 등 뒤에서 떨어지지 않았다

　아이는 어렸을 때 철문보다 단단한 다리를 움직이느라 지쳐 눈물이 등을 떠밀었다

　아버지는 아들에게 말과 눈빛을 숨겼다 물 없이 자란 나무술을 양분으로 대신 주었을까
　막걸리 먹으며 자란 등꽃

　사랑은 변종을 낳고 불면증으로 자라 서로가 장애물인 걸 모르고
　등꽃은 점점 파리한 빛으로 번져 간다

　손목을 커트, 커트, 커트하며 잘라 버린 세상 너의 세상이 아니야 단단한 매듭 하나, 오래도록 숨 쉬고 있다

　새벽이 흔들리고 적막이 뼛속에 가득 찼을 때 당신의 말 속에서 밧줄을 찾았다
　"아, 그렇군요"

一

휘어진 등뼈를 포옹하며 두 다리로 걸어갈 것이다 나뭇가지는 이식 후 눈을 뜨고서
묶인 비밀이 밧줄을 풀었다

잠든 나무 깨어나서

一
둥치가 대지에서 갈라지는 순간
그 자리엔 다른 시간이 흐른다
쓰러진 자리는 버섯의 둥지, 안락한 그늘

잘린 나뭇조각들
시간이 흐를수록 사라지는 뿌리의 흔적
다른 동네 낯선 가지로 흩어진다

떨어진 나뭇조각들 땅에 스며
잘린 자리 위로 바람은 눈을 감고

툭툭 떨어지는 잔가지
흙이 품은 원초의 기억들
이야기는 끝난 걸까
새로운 멸망을 기다리는 걸까
벌목이 멈춘 자리엔 향기가 남아

그럼에도 자라는 나무
흔적은 바람 속에 남아 있을까
二 사라진 채 쓰러질까

닿은 말

그가 짧게 말한다
감정은 입술에 닿지 못한 채
싫다는 말이 떠난 지 한참 후에야
볼을 스친다

아무도 돌보지 않는 웅덩이에 고인
말하지 못한 기억들
비밀이 고여 샘이 되듯
어둠 아래 웅크린 채 잔물결 일으키더니
가시로 흐른다

목구멍까지 차오르는 말
입술 대신 바람을 깨문다
잠들지 못한 밤을 지나
말들이 야생화로 피어난다

마지막 남은 음성
눈빛에 말려드는 순간
바람(願)은 자라 넝쿨로
그를 감싼다

실을 타고, 처방전

一   고개를 숙이면 비가 오기 전에 숨을 곳이 생긴대요
　장롱 속에 숨어야 해요

　밤이면 구름이 나와 새빨갛게 변해요 고백하지 않은 애인의 귓불처럼 아픔이 함께 사는 방에서 도망쳐 낮달을 데리고 살아요 물에서 버티는 습자지로
　무너지지 않았죠

　약국은 많지만 구름을 헤치고 나갈 비상약은 없어요

　손가락 사이 긴 혀의 기린이 나타나요 오랜 감금에서 풀려난 듯 머리를 세차게 흔들며 잡초를 먹어요 구름은 가난하고 평화스러워요

　심야에 울고 새벽에 서른 번쯤 울면 나아지나요 잊어버리는 것인데 뭉친 것들의 힘은 약해요

　구름을 세어 본 적 있나요 다 세고 나면 처방전이 떠오를까요 구름에서 실이 나와요 실을 타고 하늘로 이사 가요
二   언제나 주위엔 실들이 펼쳐지죠 보이지 않을 뿐

오래전 주문한 실이 손을 감싸요

댄스 댄스 댄스

一
멈춘다, 슬픔이 새겨진 지도 위에서
몰아 보는 편견 없이 고동치는 박동
세찬 바람 두드려 본 적 없지만
입술 깨물며 향한 것은
나

분해되는 기억 번식하는 침묵
상처는 작은 생태계에서 자라는 불안
사소한 일이라 지명하고도 두근거리는 가슴을 가라앉히려 해도
먼 곳으로 움직이는 눈망울
멀리 보면 주위는 장례식장

유형은 뭘까
칼질에 새는 식물의 눈물로
그어지는 고통 통제할 수 없어
전설은 욕망의 잔해 터질 듯 두터워지는 혈관
숙주로 기생하기도 해
충치처럼 시린 기억
二 비구름을 모아 둔 병 속에 기다리는 핏줄

플라스틱 병뚜껑 한 모금씩 뿌린 몸이
보이지 않는 미세플라스틱으로 분해된다
기생의 욕망을 타고 자라는 떨림
병 속에 차오르는 물
박자에 흔들리는 몸

칼날에 붙은 새순이 자라는 중

一
무심히 뱉은 말들
얼마나 살까
누군가 받아 뜨거운 생명으로 키우고 있을까

발아하다 멈춘 나무뿌리는
발바닥과 손가락을 먹고 자라
가시가 심장에 꽂혀 울타리가 되었다

스스로 내려친 도끼에 갇혀
가지치기로 새순을 기다리는 일
순간이 영원으로 자라는 동안
말이 뿌리를 내려 해명을 키운다

쏙쏙 돋아나는 이파리
지난 에피소드의 틈새에 빠져
염증은 가슴뼈에서
발화하는 중

작은 새순의 사랑스러움
二 자라다 잘려 나가는 변덕스러움

끊어 버린 문장은 불길한 까마귀가 물고 날아가
먼 하늘 따라 사라진다

고요 속
타 버린 열매 남겨진 껍질

웃자, 날개가 돋았어

一

어서 벗어나요
닻은 정박 중이네요
출항인가요
누가 돌아가고 있어요

혼자죠 탈탈 털려 우스웠는데 누구 눈을 맞출까
바람난 타이어로 버려지고 독한 술이 가망을 녹였어
알약을 먹으면 무거운 셔터가 내려져
오프
눈망울에 갇힌 눈은 심해로 가라앉을까
입 없는 천사처럼 떠다닐까

노인이 쪼글쪼글한 귤을 건넸어
초라해지긴 쉬워요
말라 버린 여인은
찢어진 봉지처럼 길 위에 흩어져 있고
젖은 지도는 글자들이 씻겨 사라졌어

깨진 보도블록은 이빨처럼 으르렁거려
넘어지고 비틀어져

二

검게 타 버린 빵을 입에 넣는다
삼키기 전 신만이 알고 있는 이 맛

잠수함의 낮 시간

一 알 수 없는 공기를 마셔요
어제와 다른 공포일 거예요

바람이 멈추면 꽃은 시들까요

부서진 얼굴은 물결 속에서 일그러져
기억에서 빠져나가 모르는 얼굴이 돼요 지금 빨리 서둘러야 해요
도망갈 곳 없는 잠수함
바다는 벽을 두드리지만 없는 소리를 내요

멋대로 살지 않았어요
남은 시간은 음미할까 해요

비닐 아가미로 호흡하는 사람들

하루는 영원하죠
다른 세상이 있을까요 여기는 물속
사이렌은 울리지 않아요
— 거품이 거짓말을 뿜어 허영을 만들죠

내일이 올 것처럼

기대는 희망과 달라요
검은 저녁을 마시고
잠수함에서 부서지는 빛의 조각을 기다려요

해당화 바람이 되다

一

나는 섬이고
너도 섬일까
하늘과 구름은 아닌 것 같아

파도가
바위를 덮어 버리지만
여전한 검푸른 빛

비행기가 떠도
배가 도착해도
실리지 못하고
부서진 바람과 물결이 흩어지며 몸을 바꾼다

주소 없는 물결
하얗게 부서지는 파도의 손
방파제는 무릎을 세워 쉼 없이 출렁인다

이으면 육지가 될까
겹친 물결이 다시 갈라지고
바람은 끝내 길을 남기지 않는다

나는 섬이고
너는 경계에서 바람이 된다

담벼락에 핀 해당화
뜨거운 향
좁은 틈으로 밀어 넣는다

숨을 멈추고서라도
너를 기억할 것이다

우리는 섬으로 돌아온다

꽃은 강철이 된다

一　누구와 울었을까
　　지나가는 얼굴들 사이
　　꽃, 서러움 등에 지고
　　달아오른, 심장으로 빛난다

　　겨울 창밖은 봄날처럼 밝고
　　방 안에선 알 수 없는 말들이 어른거린다
　　머릿속 회로는 끓어오르고
　　잔상은 창가에 부딪혀 깨지고

　　모두 잘 살아가는데
　　나만 이 자리에 멈춘 것 같아
　　눈물샘이 말랐는지
　　축축한 머릿결을 말던 아이
　　괜찮아요, 나는 괜찮아요
　　흑빛 머리칼에 얼굴을 묻고
　　울음을 삼키려 애쓴다
　　아프구나 아팠구나

二　하지만 앞으로 가자

뛰지 않아도 돼
멀리 아닌 한 걸음이면 돼

기둥을 세우자
함께 가면 등불 되어
구름 꽃밭 위를 건널 수 있을 테니

흔들려도 꺾이지 않는
어둠 속에서 빛나는 강철
부서지고 다시 일어서는
강철이 될 거야

정주 증명서

一
가을이 와 울긋불긋한 산
아래엔 고층 빌딩
변색도 탈색도 없어
단지 다른 짐승으로 태어날 뿐

철마다 얼굴을 바꾸는 산
헛헛한 웃음 짓고
무사로 선 빌딩 가득한 숲
찬바람 감도는 창 속에서
눈을 덮고 속삭인다

그래, 변화할 줄 모르는 너를 위해 변한다
서로를 위해 흔들림 없이
다른 빛깔로 공존한다면

도로 옆 낡은 슬라브 지붕은
파란 하늘을 담다
핑크빛 연정을 담다
연초록빛 신록을 자랑한다
一 점점 낮아진 지붕은 하늘을 덮는 대신

사람들 숨소리와 기억을 받들었다

변하는 이유는
고지서 한 장에 붙었고
종이 한 장이 새벽 같은 삶을 흔들었다
이미 변했다고 말하고 싶지만

쇠잔한 그늘 속 노부부
길어진 그림자 사이로 부채 같은 시간만 남아
미동 없는 얼굴
시간의 주름이 겹친다
지나간 계절들이
조용히 그들을 덮는다

차가운 음식 속 부서지지 않는 뼈가 있어

一 다시 살아날 때는
맞닿은 온기가 냉기를 밀어낼 듯
서로를 감싸는 체온이
부드럽게 뼈를 빚는다

파르메산 치즈를 골고루 뿌린다
가늘게 갈린 뼛가루
염증이 깃든 실패의 맛과
칼칼한 핫소스와 함께

차가운 음식을 섞자 흔들리는 몸통
혀는 잔해들을 엮어
찬 덩이에 생기를 불어넣는다
이건 새로운 것일까
조각난 기억이 녹아든 것일까

움직임 없는 창밖 풍경
희미한 불빛을 혀끝으로 우물거리자
어두워진 거리는 점점 엉켜
二 창 모서리 비스듬히 걸린 달빛도

빛의 결을 흩뜨리며 사라진다

마지막 남은 한 입
식탁 위 식은 조각
잔열은 천천히 사그라지며
지워진 흔적을 더듬거린다

제4부

떠다니는 섬이 실종되어

 영화도 보고 싶지 않은 오늘, 텅 빈 시간이 잊은 제목을 더듬는다
 기억 속
 몇 개 남은 이름들
 어쩌면 거실에서 이유 없이 떠돌고 있을지
 가라앉지 못해 떠도는 섬
 습기에 물든 창가 산새 울음이 젖어
 기다려도 소식은 없다

 거실은 실종된 섬
 사라져 가는 이방인의 흔적
 남은 것은 무엇일까

 벨이 울리자 파도가 고인다

죽어 가는 신이 다시 죽으려 왕림하고

一   눈물은 바다로 흘러가지 않는다

　　가슴 뚫린 자에게
　　떠난 이의 이름이 쌓이고
　　이름은 파도 끝에서 부서져 부름이 되고

　　경전을 독송하는 바다
　　물결은 구절마다 흔들려
　　끝없는 암송이 수평선을 지배한다

　　춤추는 물결 저 시원한 부서짐은
　　조가비의 눈물인가
　　나비의 몸부림인가

　　심해로 이어진 등고선은 빛을 삼켜
　　어둠 속에서 휘어진다
　　만선의 뱃고동을 끌어안고 화살기도 닿는 곳에는
　　해석되지 않는 단어가 살지

二　　모래톱에 새겨진 계시는

해독되지 않아

면벽의 경전은 낮이 쓰고
갈매기가 뜨거운 구절을 물고 날아가기도 한다
가벼운 바람이 바다 한 장을 넘긴다
새로운 장은 어디 있을까

지워지는 이름은 물결이 일어날 때 탄생한다

*죽어 가는 신이 다시 죽으려 왕림하고:『세 글자로 불리는 사람들』중에서.

발톱이 돋고 날개가 돋아

버릴 수 없는 것을 짊어진 시시포스의 어깨
내일의 태양은 내일 뜬다
오늘은 이 길뿐
심장은 펌핑 중

백팩은 비워질 줄 몰라
어둠을 양식 삼아 발톱을 기른다
비틀거리는 목덜미

외할머니 보따리는 클수록
저녁 속으로 길게 스며들었다

좁은 어깨에 매달린 백팩
뒤꿈치에 스친 미소가
날개 달고 도망간다

가벼워지거나 무거워지거나
무게를 알 수 없는 짐
소멸이 소멸하는 동안
몸부림치는 등짝 위로

굳은살만 덧칠된다

등 뒤의 빈 곳

―
긁지 못해
닿지 않아
손 가는 곳마다 생기는 벽

씻기지 않은 비밀이 등에 눌러앉아
새지 않는 기억으로 세 들어 산다
박혀 버린 것들

고백의 말
덩굴로 자라
사원의 기둥을 휘감는다

햇빛에 모든 것이 환해져
길어지는 그림자

목욕을 간다
43도의 물에 팔다리가 달아오르고
살갗이 벌겋게 물든다

―
내일은 가벼워질 것이다

비밀이 씻겨 나가
가슴 한켠에 잠긴 방 하나

뚜렷하게 새겨지는 혈관 지도

냉동된 봄날의 점프

一

양 떼를 보면 행운이 있대
엉뚱한 말이 머릿속을 헤엄치다
눈을 감으니
입안에서 떠도는 유령 소리

발밑에 남은 순간을 붙잡는다
과거가 미래가 되고
미래가 과거로 스며
여기도 지나가는 여행지일 뿐인데

얼룩진 블라우스 금 간 접시 축축한 신발 먼지가 내려앉은 오후
어디로 갈지 모를 주소를 찾아
고드름이 자라는 방 웅크린 하루가 떠난다

아직 손가락을 올가미에 걸고
기다리는 연락

잔여물 같은 봄밤이 지나가고
떨어지는 새순

머릿속에서 기어 나오는 장면들
빈 그릇 위 후추 알처럼
반짝이는 지난밤

빛나는 어둠

지우려던 번호가 손끝에 저장되었다

금 간 모래시계, 틈새로 스며드는 시간

구름이 무릎에 쌓이고 안개가 구멍마다 파고든다
그림자는 무겁게 발자국을 새긴다
웅얼거리는 낙엽이 타들어 간다

타오르는 십자가 불길에 삼켜지는 신의 문장들

죽지 않는 번호 남아 있는 이름들

변색된 벽지가 눅눅해지고 칙칙한 먼지가 흩날린다

죽음이 드리우는 밤 바닥에서 이름을 건져 올린다

홍조 띤 여자들은 잠의 환영
창백한 여자는 유령의 신부
피부는 달빛처럼 차갑고 입술은 핏기 없는 꽃잎

말 없는 것들이 오래 남아
점령자로 살아난다

뭄베이 호텔

― 테러가 일어난 날 연기자는 총알이 날아드는 카페에서 살아남았다 수류탄과 연사의 번쩍임 속에서

훗날 인터뷰에서 고백하기를 피 흘리며 죽은 사람 옆에서 연기를 생각하며 시체를 덮었다고

어마어마한 연기력

실제 겪은 후 연기를 할 수 없는 연기자

연기를 그만두고 진성으로 노래하는 내부의 힘으로 자생했다는데
오렌지빛 노을 속으로 걸어가는 무대 위 연기력이 터진다

―

사냥꾼의 마지막 주문

바오밥나무 아래 호랑이의 흔들리는 숨결

신문 헤드라인 속 박제된 여자
호랑이의 생명을 움켜쥔 손
신문은 전설을 만들고 그녀는 호랑이 등을 탔다
희생과 영광 남겨진 것은 누구인가

고속도로 휴게실에 국밥 한 그릇
어슬렁거리는 사냥꾼 등을 두드린다
어떤 징조가 나올까 평원에서 살아도 평온한 적 없는

헤드라이트가 가른 초원 잠들지 않는 호랑이의 질주
빛이 쓸고 간 초원 호랑이가 깨어난다

그르렁거리는 맹수 울음 검은 기름을 먹고도 배고픈 듯

바람 사이에서 태어난 자들
갈기에 매달린 무거운 삶의 작은 편린들
호랑이 낡은 눈빛을 켜고서 돌진, 정글로 향하는 전사 회오리를 뚫고 달린다

무릎에서 딴 물든 사과

―

쟁반 위 기도하는 사과 한 알

별빛보다 가벼운 말이 흩어지고
사과는 고개를 떨군다

닫힌 마음에
목에 걸린 가시 심장을 베어 낸다
기울어진 가슴

비탈길을 굴러
피를 흘리며 흠집을 짓는 사과
신발 밑창에 바스라지는 말들
사과는 껍질째 벗겨진다

갈변한 얼굴로
당신의 무릎에 엎드린다

가로등 불빛이 떨어지면
무언의 위로 다가오지 않는 대답

―

기다림의 그림자를 안고
나는 여기에 멈춰 선다

흔들리는 목소리가 몰아친다

마조렐 블루, 서쪽으로 돌리는 얼굴

一 화려한 빛을 외면한다
　　물소리는 자궁에서 들리던 익숙한 소리

　　식탁 위 현악기와 작은 북소리
　　소화되지 않은 소리 출렁이며 흔들린다

　　불안한 주파수 속 흔들리는 식탁
　　등만 보이는 어머니
　　손끝을 찾을 수 없다

　　낡은 허기가 찾아와 희미해지는 맥박
　　죽어서도 울릴 품
　　무슨 소리가 들리는 듯 더듬는다

　　천둥이 내리치듯 어머니가 떠났다
　　멈춰 버린 심장, 색이 변했다

　　켜켜이 쌓인 기억들
　　빈자리는 침묵의 노을
二 뭉개진 봄꽃 서러움으로

유리창 너머로 비춰도 잴 수 없어

변한 심장
짙어지는 블루
네온사인 아래 누으니
조각달이 찌른다

하염없는 검은 강물 속
부르고 싶은 이름에 저며진 심장
녹슬수록 선명해지는 이름

보자기 속 어둠과 함께 삼키는 멧새 요리처럼
지치지 않는 눈물이 숨어든다

냉장고 문을 열면 꽃밭이

발이 시린 것은 운동 부족이라 하지만
돌지 않는 혈 때문일지도
가시를 외면하고
냉장고 문을 열면 꽃이 핀다
색색의 향기 썩을 때 향은 강렬하지

잠에 들지 못한 시간이 벨벳처럼 펼쳐져
업보라고도 믿음 부족이라고도 한다
꽃은 피기도 하고 지기도 하여

부동산 소장이 절레절레 고개를 젓는다
나도 하루를 공전한다

냉장고의 무풍 속
문을 열자 시든 꽃밭이다

돌아가는 팔찌

 아침은 몇 개인가요 팔찌는 운명 따라 돌고
 흔들리는 운세 때문일까요 적막한 섬 울음은 멀어 들리지 않죠

 하늘을 걷는 웃음 걸어갈수록 커지고 바람의 속삭임이 발끝을 집어삼켜요
 고리가 팔목을 타고 올라와요 돌리고 돌려 무엇이 오려는지 자꾸 돌려지네요

 운세를 점치는 문어보다 빠르게 중력이 나를 밀어내요
 잠 못 자는 눈썹이 끌고 가나 봐요

해설

애도의 시 쓰기

구모룡(문학평론가)

 자기표현이 본령인 시적 전망이 내부에서 외부를 향하는 과정은 일반적인 현상이다. 안을 방기하고 마냥 바깥을 향하는 재현의 방식은 바른 시적 지평을 구현할 수 없다. 내부에서 외부로 나아가면서 그 둘이 교응하며 자기를 확장하고 세계를 개진하는 과정이 요긴하다. 하지만 죽음의 기억, 무의식과 콤플렉스, 트라우마와 상처, 고통과 슬픔에서 벗어날 수 없는 주체는 쉽게 존재의 바깥으로 이월하지 못한다. 타자에게서 자기의 흔적을 발견한다면 사물은 내면을 은유하는 대상으로 환원된다. 김정희의 시가 이와 같아서 그녀의 시편을 읽으면 바로 볼 수 없고 말할 수 없는 내부의 침전물을 발화하려는 지난한 시적 태도와 만나게 된다. 그만큼 자기의 인력이 강렬하며 시편들은 한결같이 익숙하거나 유기적이지 않고 낯설고 난해하다. 어떤 의도한 낯설게 하기가 아니다. 반복하는 사로잡힘의 형국이기도 하고 직면하려는 의지의 표출이기도 하다. 그만큼 양가성을 지니며 궁극적인 치유와 극복, 긍정과 사랑이 전제되어 있다.

　김정희의 시에서 외부에 있는 타자의 삶을 말하고 있는 시편이 없지는 않다. 가령 「정주 증명서」, 「같은 얼굴 보이는 여기에」, 「박힌 구름」, 「점자책을 읽는 사내」 등이 그렇다. 「정주 증명서」는 철거 "고지서 한 장"으로 "빌딩 가득한 숲" "도로 옆 낡은 슬라브 지붕"의 "쇠잔한 그늘 속 노부부"의 삶이 흔들리고 변화하는 사건을 평이하게 서술한다. "부채 같은 시간만" 남아도 "미동 없는 얼굴"을 한 그들의 표정이 돌올하다. 「같은 얼굴 보이는 여기에」는 뉴욕 출신 한국계 청년이 한국에서의 삶을 "익숙한 얼굴이 핀 정원/그늘을 먹고 뿌리내리며" 사는 형국으로 받아들이는 모습을 보여 준다. 이처럼 타자와 만나 그의 마음을 전달하는 형태는 「박힌 구름」에서 보다 선연하다. "선택한 입영"이지만 아픈 "엄마"를 염려하는 군인의 "철창 속 불안"을 말하고 있는데 대화 형식으로 전개한 심리 상담의 경험적 서술에 가깝다. 「점자책을 읽는 사내」는 실직한 사내의 내면 풍경을 그리고 있다. 채용 소식을 기대하는 '그'에게 내리는 비는 마치 "점자로 떨어지는 빗방울"과 같아서 '그'는 "오늘 하루는/도착하지 않는/메시지를 기다리며" "물 위에 떠 있는 글자들"을 "묵독한다". 기다림의 심경을 은유로 표현하려는 시적 의도가 분명하다. 하지만 이와 같은 외부의 타자 지향에서 긴밀한 시적 긴장을 만나기는 어려운데 이는 사물을 말하려는 시편에서도 유사한 현상을 보인다. 가령 「잠든 나무 깨어나서」처럼 벌목된 나무의 내력을 말하면서 "이야기는 끝난 걸까", "새로운 멸망을 기다리는 걸까", "흔적은 바람 속에 남아 있을까", "사라진 채 쓰러질까"와 같은 물음을 던지는 데 그친다. 그 형상에 삶의 의미를 새기고자 사물에 투사한 「왕관을 위한 두 손 배롱나무」에 있어서 화려함이 사라지고 고갈되거나 약속이 "재가 되어 떠"나가는 생의 배리를 포착하면서 그 역설을 시적 구조 내에 육화하지 못하고 "사라지는 것은 시작하는 것이다"라는 결구의 관념에 도착하고 만다.

그렇지만 바깥의 사물에 의탁한 과정이라고 해도 「주전자 연기에서 나오는 말들이」나 「물결 경전을 읽는다」의 시적 진술은 다르다. 「주전자 연기에서 나오는 말들이」는 닫힌 말이 "침묵의 경전"을 경유하여 마침내 발화하는 과정을 주전자 속의 물이 끓어 수증기로 분출하는 이미지로 그렸는데 "기다리지만 어스름이 속삭인다/아침은 오지 않는다고"라는 존재의 조건이 "기포는 피어/말씀을 방 안 가득 뿌린다/새벽이 온다"라고 전환하는 양상을 담고 있다. 이러한 일에 시적 화자의 개입이 중간에서 뚜렷하여 "어둠의 문을 열려면 늑골을 따라/얼어붙은 눈물샘을 깨뜨려야 해/사라지는 연기 속/하얀 눈은 말의 잔해/연기는 제단에 올리는 향/하늘을 채운다"라는 의미심장한 감정이입을 주목하지 않을 수 없다. "어둠의 문"을 열고 "얼어붙은 눈물샘"을 깨뜨리고 "말의 잔해"에서 생의 의지와 욕구를 일으켜 세우는 과정이 드러난다. 이 시편에서 외부의 사물은 시적 자아의 능동적 정서를 이끌어 내는 매개로 작동한다. 바다의 느

껌에 기반한 「물결 경전을 읽는다」는 앞선 「주전자 연기에서 나오는 말들이」보다 더욱 적극적인 자기 의지를 표출하여 "살을 가르는 치유법"에 당도하려 하는데 이러한 의도는 "푸름의 탄생은 바다 아래 어둠에서 시작되었고"라는 구절에서 화자가 시원의 "어둠"이 지닌 생성의 의미를 제시하는 데서 시작한다. 마치 마음의 공부에서 도달하고자 하는 "푸름"(玄)처럼 "바다"는 "끝없는 물결에 예언을 새겨 경전을 완성한다". 이처럼 이 시편은 먼저 기원의 바다를 전제하고서 이것이 밖으로 현상하는 과정을 서술하고 있다.

    살 베어 낸 자리
    독송으로 찢어진 상처를 메운다
    바다 뼈 사이 파도가 써 내려가는
    서러움은 창살 속 모래로 흐르고 바람에 흩어져
    틈마다 경구를 쓰는 파도

    갇혀 있던 말이 바위에 부딪혀
    거품 속 진언으로 깨어난다
    물결이 뱉는 말
    사는 것이 진리라고

    주술은 끊어지지 않고
    미완성의 침묵 속 경전의 영원한 속삭임

행성은 무한한 질서

금은 서서히 아물고

살을 가르는 치유법이 휘어진 등을 편다

들숨과 날숨 경계는 부서지고

파도 속 윤슬이

슬픔에 굽은 허리가 물결을 타며 서서히 펴지고

바다, 기다리던 태양의 약속이 이뤄진다

―「물결 경전을 읽는다」 부분

  그러니까 이 시편은 "바다 아래 어둠"에서 "기다리던 태양의 약속"에 이르는 "바다"의 수행을 말하고 있는데 당연히 시적 자아의 의지, 욕구, 염원을 은유한다. 이는 "상처"를 "독송으로" 견뎌 내고 "서러움"을 흩어 "경구를" 얻으며 "갇혀 있던 말"이 "진언으로 깨어"나서 "사는 것이 진리"라는 의미에 도착하는 과정이다. 물론 이 과정은 하나의 행로에 그치지 않으며 물결처럼 거듭 반복하며 나아가는 나선의 양상을 보일 터인데 "미완성의 침묵 속 경전의 영원한 속삭임"이라는 구절이 비록 덜 구체적이나마 수행의 재귀적 반복을 내포한다. 어떤 의미에서 이 시편의 미흡한 세부는 "살을 가르는 치유법"에 이르려는 시인의 조급한 태도를 반영한다. 그만큼 "슬픔에 굽은 허리"에 내재한 상실과 상처의 기억이 단순하지 않으며 결구에 드러난 "태양의 약속" 또한 예사롭지 않다. 「죽어 가는 신이 다시 죽으려 왕림하고」는 "경전을 독송하는 바다"라는 모티프를 통하여 앞서 언급한 시편인 「물결 경전을 읽는다」와 연관한다.

  눈물은 바다로 흘러가지 않는다

  가슴 뚫린 자에게
  떠난 이의 이름이 쌓이고
  이름은 파도 끝에서 부서져 부름이 되고

  경전을 독송하는 바다
  물결은 구절마다 흔들려
  끝없는 암송이 수평선을 지배한다

  춤추는 물결 저 시원한 부서짐은
  조가비의 눈물인가
  나비의 몸부림인가

  심해로 이어진 등고선은 빛을 삼켜
  어둠 속에서 휘어진다
  만선의 뱃고동을 끌어안고 화살기도 닿는 곳에는
  해석되지 않는 단어가 살지

  모래톱에 새겨진 계시는
  해독되지 않아

면벽의 경전은 낮이 쓰고
갈매기가 뜨거운 구절을 물고 날아가기도 한다
가벼운 바람이 바다 한 장을 넘긴다
새로운 장은 어디 있을까

지워지는 이름은 물결이 일어날 때 탄생한다
—「죽어 가는 신이 다시 죽으려 왕림하고」 전문

시작의 선후를 알 수 없으나 이 시편은 「물결 경전을 읽는다」가 지시한 "치유법"의 지향과 다르게 "해석되지 않는 단어"와 "해독되지" 않는 "계시"에 직면한 화자의 당착과 "새로운 장"에 대한 물음을 드러낸다. "눈물은 바다로 흘러가지 않는다"라는 모두의 진술이 말하듯이 슬픔은 쉽게 치유되지 못한다. 이어지는 2연에 등장하는 "가슴 뚫린 자"의 현실이 그러한데 시인과 무연하다 할 수 없겠다. 그녀에게 "경전을 독송하는 바다"는 "떠난 이의 이름"으로 표현된 상실의 상처를 해소할 수 없다. "끝없는 암송"을 반복하지만 결구가 진술하듯이 "지워지는 이름은 물결이 일어날 때" 다시 태어나고 만다. 하지만 바다를 향한 시적 화자의 의지, 염원, 갈망은 기지에 머물게 하지 않으며 예감의 지평을 가능하게 한다. "새로운 장은 어디 있을까"라는 물음이 있으므로 허무의 바다로 귀결하지 않는 긍정을 품는다. 이러한 긍정은 "사는 것이 진리"라는 「물결 경전을 읽는다」의 말처럼 스피노자가 말한 생의 의지인 코나투스에 가깝다. "살아 있어, 떨고 있다는 것을 기억하고 받아들여야 한다/겨울 나뭇가지도"라는 구절이 말하듯이 모든 사물은 자기 존재를 지키며 살아가는 법이다. 이를 "누구도 보지 못할 사랑" 혹은 "숨 쉬는 사랑"이라고 할 수도 있겠다.(「떨리는 창문」)

「실을 타고, 처방전」은 비록 환상이지만 결구에서 "구름에서" 나오는 "실"의 이미지를 통하여 "처방전" 혹은 생성의 지향을 표출한다. "고개를 숙이면 비가 오기 전에 숨을 곳이 생긴대요/장롱 속에 숨어야 해요"라는 시편의 처음에서 화자가 처한 정황과 판이한데 그만큼 김정희의 시적 자아가 처한 장소가 위태하며 심연을 지니고 있음을 의미한다.

   고개를 숙이면 비가 오기 전에 숨을 곳이 생긴대요
   장롱 속에 숨어야 해요

   밤이면 구름이 나와 새빨갛게 변해요 고백하지 않은 애인의 귓불처럼 아픔이 함께 사는 방에서 도망쳐 낮달을 데리고 살아요 물에서 버티는 습자지로
   무너지지 않았죠

   약국은 많지만 구름을 헤치고 나갈 비상약은 없어요

   손가락 사이 긴 혀의 기린이 나타나요 오랜 감금에서 풀려난

듯 머리를 세차게 흔들며 잡초를 먹어요 구름은 가난하고 평화스러워요

 심야에 울고 새벽에 서른 번쯤 울면 나아지나요 잊어버리는 것인데 뭉친 것들의 힘은 약해요

 구름을 세어 본 적 있나요 다 세고 나면 처방전이 떠오를까요 구름에서 실이 나와요 실을 타고 하늘로 이사 가요 언제나 주위엔 실들이 펼쳐지죠 보이지 않을 뿐
 오래전 주문한 실이 손을 감싸요
—「실을 타고, 처방전」 전문

 이처럼 이 시편은 시적 자아의 현실과 환상이 몽타주되어 있다. 마치 네거티브 필름을 보는 듯한 착각을 불러올 정도로 현실과 환상, 밤과 낮은 뒤바뀐다. 이 같은 전도가 일어나는 현상의 원인은 트라우마나 상실에서 찾을 수 있다. "아픔이 함께 사는 방"은 자기만의 방이라는 고독에서 나아가 고통이 더해진 형국이다. 이러한 장소에서 꿈이든 환상이든 전치가 일어나며 이것이 "물에서 버티는 습자지로/무너지지 않았죠"라고 하듯이 존재를 지탱하게 한다. 현실 속의 "약국"은 결코 도움이 되지 못하며 "손가락 사이 긴 혀의 기린"과 "구름" 그리고 "구름에서" 나오는 "실"로 환상이 전이되면서 "실을 타고 하늘로 이사 가요"라고 말하게 된다. 마침내 "오래전 주문한 실이 손을 감싸요"라

는 결구에 이르게 되는데 유년의 순수 기억의 회복과 흡사하다. "심야에 울고 새벽에 서른 번쯤 울면 나아지나요 잊어버리는 것인데 뭉친 것들의 힘은 약해요"라고 진술하고 있듯이 시적 자아의 내면은 부서지기 쉬운 질곡을 안고 있다. 김정희의 시 쓰기는 이러한 존재의 사태를 안고서 싸우는 자기 투쟁의 이야기이다.

    밤은 내내 꿈을 토하며 뒤척인다

  〈안개 속 대기〉 표지는 상어 이빨에 찢기고 바다 그 틈새로 닿지 못할 미래를 삼킬 듯 혀를 내민다
    요동치며 기울어지는 바다 파도가 깊은 찌꺼기를 끄집어내어 소용돌이가 몸부림친다 불행은 갇힌 파도의 꿈속에서 자라나고

    일렁이는 잠결 조각달을 매단 뱃길은 부서진 파도 뒤를 따른다 물결의 비린 상처 소라의 숨결로 들락거리고 파도가 숨을 고르는 사이 고동 소리 귓가를 맴돌 때

    모항 곶은 어디 있을까

  끝나지 않는 꿈길에서 레이스 이불이 감싸안는다 휘청거리는 뱃길이 이불 속에서 미끄러지듯 떠나지만 두 발 잡은 너울 파도는 끝없이 휘몰아친다

잠들지 못한 바다가 너울진 날개로 발목을 감으며 바다는 귓가에 잔물결을 남기고 닿을 수 없는 세계를 속삭인다
하늘로 날아갈까
—「이불 속 바다는 물결치고」 전문

그 발상에서 앞서 언급한 「실을 타고, 처방전」과 유사하지만 전도된 환상이 아니라 밤의 꿈을 서술하고 있다는 점에서 다르다. 이 시편에서 "꿈길"은 "뱃길"이며 꿈속의 시적 자아는 파도치는 바다 위에서 "모항 곶"을 향하고 있다. 꿈은 수동적 정서의 표현이므로 주체의 의지와 욕구를 반영한다. 이는 "바다 그 틈새로 닿지 못할 미래를 삼킬 듯 혀를 내민다"라는 구절에서 "미래를"이라는 목적어 선택에서 잘 드러나며 지금의 억눌림과 상처에서 벗어나려는 욕구를 표출하고 있다. 무의식의 "깊은 찌꺼기"와 "불행"의 기억 그리고 "비린 상처"로부터 놓여날 근원인 "모항"을 향하지만 "끝나지 않는 꿈길"의 "뱃길"은 현실의 "레이스 이불"에 휘말리고 만다. "바다"는 "닿을 수 없는 세계"를 속삭일 뿐이어서 꿈은 승화되지 못한다. 그렇다면 이 시편 속의 "두 발 잡은 너울 파도"와 같이 존재를 속박하고 구속하는 심적 요인은 무엇일까? 이에 대한 답을 찾는 일이 김정희의 시 세계를 이해하는 단초가 될 수 있다.

김정희의 시에서 바다는 매우 중요한 시적 등가물이다. 바람과 안개와 파도를 지닌 바다는 삶과 죽음, 탄생과 소

멸, 상처와 치유 등과 같은 양가적 의미를 모두 포함하는데 시인은 이러한 바다와 더불어 자기의 정동을 표출한다. 물론 시적 화자를 통하여 바다를 매개로 상처를 치유하고 불안을 위무하며 사랑과 평안을 갈망할 수 있다. "물결과 물결 사이/해풍의 수없는 손은 상처를 매만져" 회복의 길을 열기도 한다(「닿지 않을 안개 나라」). 또한 "파도의 말 헤아려 저장할 수 없어 소리와 무늬는 다시 흐르고 끝내 찾을 수 없는 흔적이 되살아날 뿐"이라 무익한 반복을 거듭하게 된다(「사라진 파도를 어디에서 찾을까」). 그만큼 시인은 타자나 사물과 쉽게 동화하지 못한다.

  영화도 보고 싶지 않은 오늘, 텅 빈 시간이 잊은 제목을 더듬는다
  기억 속
  몇 개 남은 이름들
  어쩌면 거실에서 이유 없이 떠돌고 있을지
  가라앉지 못해 떠도는 섬
  습기에 물든 창가 산새 울음이 젖어
  기다려도 소식은 없다

  거실은 실종된 섬
  사라져 가는 이방인의 흔적
  남은 것은 무엇일까

벨이 울리자 파도가 고인다
　　　　　　　　　　　—「떠다니는 섬이 실종되어」 전문

 "기억 속/몇 개 남은 이름들"은 시적 화자에게 상실의 대상이다. 이 시편은 그들을 "가라앉지 못해 떠도는 섬"에 비유한다. "사라져 가는 이방인의 흔적"을 생각하고 그들을 기억한다. 파도치는 바닷속에서 화자는 실종된 섬을 찾고 잊힌 사람의 소식을 기다린다. 이처럼 "영화도 보고 싶지 않은 오늘"이라는 평이한 일상조차 상실의 기억으로 급격하게 붕괴한다. 난파하는 해양에서 침몰하는 섬에 갇힌 자아를 소환하고 있다. 「떠다니는 섬이 실종되어」를 서로 보충하는 시편이 「해당화 바람이 되다」인데 "나는 섬이고/너도 섬일까"라는 물음에서 시작하여 "나는 섬이고/너는 경계에서 바람이 된다", "숨을 멈추고서라도/너를 기억할 것이다"라는 구절을 거쳐서 마지막에 "우리는 섬으로 돌아온다"라고 끝을 맺는다. '너'를 기억하는 '나'는 에로스와 타나토스의 욕망을 함께 지니고 있다. 이 두 가지가 서로 길항하고 교차하는 어긋남으로 인하여 일상은 급속하게 슬픔과 우울로 변전한다.

　　발아하지 못한 씨앗이 입안을 뚫고 뿌리를 내린다

　　삼켜지지 않는 말들은 유령으로 자라
　　꿈으로 부유한다

입속에서도 쉼 없이 흔들리는

미로에 얽혀 가는 말들
출구 없는 정원에서 눈 감는 밤

삼키지 못한 말들이 군화 발자국처럼 행진하고
잠들지 못하는 소리

끝없는 장례 행렬 혀 아래 정원은 무덤을 쌓는다
—「혀 아래 정원」 전문

「혀 아래 정원」은 시집에서 가장 처음에 놓인 시편이다. 배치의 의도를 감안할 때 이 시편이 차지하는 의의를 어느 정도 전제할 수 있겠다. 화자는 "발아하지 못한 씨앗"처럼 "삼켜지지 않는 말들"이 있다고 한다. 존재를 압도하는 고통이나 상처는 말문을 닫게 하며 쉽게 발화되지 못한다. 화자의 말을 빌려 시인은 이처럼 "삼키지 못한 말들"이 억압되어 "출구 없는 정원"을 이루었다고 한다. "끝없는 장례 행렬 혀 아래 정원은 무덤을 쌓는다"라고 말한다. 이처럼 도저한 시적 진술이 가지는 의미는 두 가지이다. 그 하나는 자신의 시작에 관한 메타시이고 다른 하나는 트라우마나 상처로 인하여 소위 서정의 동일성 혹은 화해의 지평이 불가능하다는 고백이다. 이 둘은 서로 연관되며 김정희의 실존적 장애이자 시적 곤경이다. 가령 「나의 낙원」은 표제와 본문, 기지와 미지, 현실과 꿈, 죽음과 삶 사이에서 어긋나며 요동하는 이미지들이 조합되어 있다. "사람이 떠난 히말라야"라는 첫 구절을 경험의 기억으로 받아들여도 무방한데 황량한 경관과 "목불이 세든 폐가"에 "살굿빛 햇살"이 들면서 풍경은 일순 "새로운 길"을 보인다. "물빛으로" "산이 빛난다". 여기까지 밤을 지나 아침이 오는 히말라야의 정경을 방 안에서 바라본 사건으로 읽힌다. 이어서 시적 화자는 "얼어서 빛나는 산/히말라야의 독백은/벽지에 고인 구름 속으로 잠기고//숨 쉬는 틈새/빛 끝으로 걸어간다"라고 마감한다. 이 대목에서 이 시편이 히말라야의 숭고를 경배하려는 의도의 소산이 아님을 알 수 있다. "히말라야의 독백"으로 하강하면서 그것이 "벽지에 고인 구름 속으로 잠기"기 때문이다. 그렇다면 "숨 쉬는 틈새/빛 끝으로 걸어"가는 주체는 누구인가? 시적 화자이자 현재의 '내'가 아니겠는가? 이로써 시인은 "나의 낙원"의 지향을 말하고 있다. 그것은 사람이 없는 빛의 세계이다. 차가운 빛과 따스한 빛은 양가적이며 서로 길항한다. 우나무노의 지적처럼 따스함이 없는 빛은 죽음이다. 「나의 낙원」에서 "새로운 길"로 표현된 시적 자아의 지향은 타나토스와 에로스의 양면성 혹은 시적 의미의 애매성을 지닌다. 예를 들어 「탄피」의 마지막 구절인 "몇억 광년의 빛/나를 뚫고/빛을 삼킨 어둠 속/너는 빛을 꿰뚫는다"에서 보이는 사물의 의지와 죽음 충동 사이에 놓인 빛의 위상을 들 수 있다.

  바다나 섬이 그러하였듯이 빛의 이미지도 김정희의 시

세계에서 양가성을 지닌다. "기대는 희망과 달라요/검은 저녁을 마시고/잠수함에서 부서지는 빛의 조각을 기다려요"라는 진술처럼 빛은 유폐되고 고립된 자아의 내면에서 발현한다(「잠수함의 낮 시간」). 이는 희망의 환상이라기보다 생의 의지와 "기대"에 가깝다. 이 점은 「물의 궁전」에서 "균열이 살갗을 뚫어 내면을 비추던 날 벽은 흘러 얼굴을 빚고 두 손 모아 빛을 품던 물 장막을 걷어 무지개를 만든다"라는 몸과 내면의 빛이 뿜어내는 역설의 의미와도 상통한다.

집 안으로 들어서자 발끝이 찰박거린다 젖은 수건 문턱을 휘감고 올라와
그릇 속 갈색 찌꺼기를 노려보며 바닥에 웅크린다

가스관, 푸른 기운으로 팽팽하게 버티고 달력 기호들 서로 뒤엉켜 곰팡이로 터진다
거실은 무너지지 않는 궁전이 되었고 책상 위 영수증은 끝을 맞대며 날 선 칼을 찬
무사 자세로 저항한다

젖은 발자국, 울먹이는 욕실과 방을 떠돌아 이름 없는 누군가를 찾는 궁전 주인
거울 속 습기, 희미한 윤곽 남기며 지원군을 기다리지만
컴퓨터에 쓰다 만 잠든 문장은 독버섯으로 자라 화면 속 어둠을 채운다

언젠가 이 문이 열릴 때 모든 것이 여물었지만 출렁이는 어깨에 닿아 두자 오늘도

  균열이 살갗을 뚫어 내면을 비추던 날 벽은 흘러 얼굴을 빚고 두 손 모아 빛을 품던 물 장막을 걷어 무지개를 만든다
―「물의 궁전」 전문

앞에서 "정원"이나 "낙원"이라는 말의 쓰임을 보았듯이 이 시편에서 "궁전"이라는 말도 삶의 아이러니를 드러내기 위하여 쓰이고 있다. 이 시편이 말고자 하는 정황은 "집"이다. "거실은 무너지지 않는 궁전"이라는 비유가 말하듯이 일일이 열거하지 않더라도 사물은 어지럽게 흩어져 있고 물기가 사라지지 않아 축축하며 무기력하게 주인이 방치하여 퇴락한 집 안의 모습이다. 이는 곧 화자의 내면 풍경에 상응하며 "젖은 발자국, 울먹이는 욕실과 방을 떠돌아 이름 없는 누군가를 찾는 궁전 주인"이라는 구절이 전달하는 상실의 정동과 무연하지 않다. 「물의 궁전」처럼 김정희의 시 세계에서 일상은 매우 구체적인 형태로 고갈과 무기력, 파편화와 훼손이 지배적이다. 「컴팩트」에서 "삶의 기술은/흩어진 조각들을 품고 스스로 조립하는 것/조각들 속에서 자리를 찾아가는 것"이라는 진술처럼 시 속의 화자는 균열과 파편을 조건으로 받아들인다. 이는 또한 "우리 시간은/잔해 속으로 스며들어 새롭게 반죽되는 과정/시간 지나 모래

결에 스며든 조각들이 서로를 기억하는 몸"이라는 진술로 이어지는데 유기적이 아닌 비유기적인 관계를 사유한다. 그만큼 시인은 "기댈 곳 없는 눈빛과 말들 형광등 아래 굳어진 목소리 차가워 흘러내리지도 못한 얼음"과 같은 실존의 감각을 지니고 있다(「접착 신드롬」). 시인은 「리셋버튼을 누르면」에서 "나는 어디에 있을까"라고 묻는다. 그리고 "다른 장면이 시작될 때마다 없어지는 나/리듬을 찾으려 했지만/어긋나는 박자/반복되는 장면들"이라고 말한다. 비록 텔레비전 리모컨 작동을 말하고 있으나 또 다른 시편인 「깊숙한 방」이 잘 표출하고 있듯이 리듬의 지속과 생명의 연속성이 흩어지는 존재의 감각을 빗대고 있음에 틀림이 없다.

멈춘다, 슬픔이 새겨진 지도 위에서
몰아 보는 편견 없이 고동치는 박동
세찬 바람 두드려 본 적 없지만
입술 깨물며 향한 것은
나

분해되는 기억 번식하는 침묵
상처는 작은 생태계에서 자라는 불안
사소한 일이라 지명하고도 두근거리는 가슴을 가라앉히려 해도
먼 곳으로 움직이는 눈망울
멀리 보면 주위는 장례식장

유형은 뭘까

칼질에 새는 식물의 눈물로

그어지는 고통 통제할 수 없어

전설은 욕망의 잔해 터질 듯 두터워지는 혈관

숙주로 기생하기도 해

충치처럼 시린 기억

비구름을 모아 둔 병 속에 기다리는 핏줄

플라스틱 병뚜껑 한 모금씩 뿌린 몸이

보이지 않는 미세플라스틱으로 분해된다

기생의 욕망을 타고 자라는 떨림

병 속에 차오르는 물

박자에 흔들리는 몸

―「댄스 댄스 댄스」 전문

  이 시편이 말하듯이 시인은 "슬픔이 새겨진 지도 위에서" '나'를 "향한" 시적 발화를 지속하고 있다. 비록 "분해되는 기억"과 "번식하는 침묵"을 경유하지만 "상처"에서 발원하는 "불안"을 극복하는 위안에 도달하지 못한다. "멀리 보면 주위는 장례식장"이라는 도저한 진술처럼 어떤 죽음으로 인한 애도를 그치기 힘들다. "유형"에 처한 사람처럼 "눈물"과 "고통"을 제어할 수 없다. "충치처럼 시린 기억"에서 벗어날 수 없으며 서서히 "병 속에 차오르는 물"처럼 생명을 소진하는 리듬의 몸으로 남는다. 표제가 지시할 환희와 기쁨의 율동과 전혀 무연한 지향을 표출하고 있다. 어쩌면 시인이 시 속의 화자처럼 트라우마로부터 벗어나지 못한 정서를 지속하고 있는 듯하다. 그래서인지 "양 떼를 보면 행운이 있대/엉뚱한 말이 머릿속을 헤엄치다/눈을 감으니/입안에서 떠도는 유령 소리"라는 구절을 표현하고(「냉동된 봄날의 점프」) "죽지 않는 번호 남아 있는 이름들"이 있어 "죽음이 드리우는 밤"을 맞기도 한다(「빛나는 어둠」). 따라서 "무덤 위 무덤/흔적과 흔적이 만나/공기로 물들어 가는 과거들이/겹치는 지금"이라는 시간 감각이 예사롭지 않다(「다가온 환영」). 이는 어느 정도 시집의 표제 시인 「지구에 붙은 컵은 책상 위에서 떨어지지 않아」가 암시하는 지향으로 읽을 수 있다.

    너의 거짓말을 사랑한 것은 나의
    거짓말을 입속으로 수장하기 때문이야

    자신을 이해하려 달에 간 사람
    수용을 위해 가난한 가슴을 견뎠고

    로켓보다 빠른 마하의 시간
    달은 지구로 떨어지지 않고
    너에게서 떨어지지 않는 나처럼

아버지 호령은 뜨거운 지옥 불이 되고
어머니의 두려움은
그릇들을 얼어붙게 했어

집은 작을수록 노래는 커졌고
합창 대회, 아픈 잇몸은 곪아
몸속 서랍엔 고름이 넘쳐

컵이 미끄러져도
책상 위에선 떨어지지 않고
지구의 심장 아래로 가라앉을 거야
　　―「지구에 붙은 컵은 책상 위에서 떨어지지 않아」 전문

　김정희의 시에서 '나-너'는 「지구에 붙은 컵은 책상 위에서 떨어지지 않아」처럼 대화가 아니라 부재와 애도의 관계를 나타내는 경우가 많다. 이 시편에서 '너'는 불편한 가족 관계 속에서 "자신을 이해하려 달에 간 사람"으로 그려지고 있으며 이러한 "너에게서 떨어지지 않는 나"는 지구의 중력을 생각하며 '너'를 애도하는 모습이다. 빛의 은총보다 시몬 베유가 말한 '중력의 비극'이 지배적이나 그 심각한 국면을 "집은 작을수록 노래는 커졌고/합창 대회, 아픈 잇몸은 곪아/몸속 서랍엔 고름이 넘쳐"라는 알레고리로 우회한다. 이처럼 가족 이야기는 고단한 "외할머니"의 삶의 풍경을 그린 「발톱이 돋고 날개가 돋아」를 위시하여 「마조

렐 블루, 서쪽으로 돌리는 얼굴」, 「꽃 피는 밥」, 「비밀의 입구는 출구입니다」 등의 시편에서 잘 나타난다. 「마조렐 블루, 서쪽으로 돌리는 얼굴」은 "어머니"의 죽음을 애도하는 시편이다. "켜켜이 쌓인 기억들/빈자리는 침묵의 노을/뭉개진 봄꽃 서러움으로/유리창 너머로 비춰도 잴 수 없어//변한 심장/짙어지는 블루"라고 우울로 번져 나는 "지치지 않는 눈물"의 깊은 슬픔을 "마조렐 블루"에 비유하고 있다. 「꽃 피는 밥」과 「비밀의 입구는 출구입니다」는 표제 시인 「지구에 붙은 컵은 책상 위에서 떨어지지 않아」와 연동하는 시편들이다. "죽지 않는 꽃/꽃 없는 밥은 씹을 때마다 앞이 흐려지는 밥"이라는 애도와 "점점 파리한 빛으로 번져" 가는 "등꽃" 같은 슬픔이 절실하게 느껴진다(「꽃 피는 밥」). 이처럼 김정희는 「닿은 말」이 진술하듯이 "말하지 못한 기억들"을 "가시"로 간직하고 있다. 그녀는 "가시를 품고서" "고요의 지평으로 밀어"내며 시적 발화를 지속한다(「가시의 떨림 속 겨울이 부서지고」). "닫힌 마음에/목에 걸린 가시 심장을 베어 낸다/기울어진 가슴"(「무릎에서 딴 물든 사과」).

인간의 조건에서 사랑과 신뢰와 희망은 가장 소중한 가치이다. 이 세 가지를 모두 갖춘 삶은 더할 나위가 없는 행복의 형이상학에 이를 수 있다. 하지만 믿음이 무너져도 희망이 있거나 희망이 없어도 사랑이 있다면 살아갈 만한 삶이 된다. 김정희의 시 세계에는 이와 같은 삶의 조건에 대한 질문이 내재되어 있으며 거듭 반복된다. 그리고 「꽃은 강철이 된다」라는 시편은 "누구와 울었을까/지나가는 얼굴들 사이/꽃, 서러움 등에 지고/달아오른, 심장으로 빛난다"라고 생의 의지를 다진다. 깊은 슬픔과 짙은 우울의 바다를 건너 "하지만 앞으로 가자/뛰지 않아도 돼/멀리 아닌 한 걸음이면 돼//기둥을 세우자"라고 말 건네면서 "흔들려도 꺾이지 않는/어둠 속에서 빛나는 강철/부서지고 다시 일어서는/강철이 될 거야"라고 다짐한다. 이러한 의지와 긍정으로 시인이 "누구도 보지 못할 사랑"을 발명할 수 있으리라 믿는다(「떨리는 창문」).